Apfelkuchen

Aus Deutschlands Backstuben

Zusammengestellt

von Carola Ruff

Verlag für die Frau · Leipzig

Apfelkuchen

52 leckere Rezepte

Herausgegeben von Renate Florstedt

Wir danken Herrn Konditorobermeister
Günther Liebethal, Liebertwolkwitz bei Leipzig,
für die Unterstützung bei der Herstellung der
Kuchen und Torten.

Vorstehendes Foto (S. 3) zeigt die Rheinische Apfeltorte (Rezept Nr. 35), das Einbandfoto Weimarer Apfelbiskuit (Nr. 51).

ISBN 3-7304-0350-8

2. Auflage 1994

Fotos: Sigrid Schmidt (S. 3, 4, 14, 21, 34, 41, 42, 49, 54, 57, 59, 61, 63, 65, 67, 69, 71, 72, 75, 77, 79)
CMA (Titel, S. 10, 12, 13, 31, 47);
Sanella (S. 25, 29, 39);
Siegfried Prölss (S. 6, 17);
Grit Hentschel (S. 43, 53)
Typografie und Einband: Lore Jacobi, Leipzig
Satz: TypoLiner V & B Druck GmbH Leipzig
Druck und Binden: Sebald Sachsendruck Plauen
Printed in Germany

Inhaltsverzeichnis

Vorwort

Apfelkuchen ist Deutschlands beliebtester Sonntagskuchen. Es gibt ihn in unzähligen Variationen: Da glänzt der krosse Allgäuer Apfelstrudel mit seiner würzig-saftigen Füllung auf einer ländlichen Kaffeetafel. Die Berliner Weihnachts-Apfel-Torte gehört zu einer still-besinnlichen Stunde im Kerzenschein. Der westfälische Pumpernickel-Apfel-Kuchen ist ein kräftiger, lekkerer Genuß für die Familienrunde oder den Freundeskreis, während die Potsdamer Apfel-Sahne-Torte schmackhaftes Prunkstück eines großen, festlichen Kuchenbüffets sein kann.

Beginnend beim einfachen Apfelkuchen aus Mürbe- oder Hefeteig, mit Apfelspalten und Streuseln belegt, bis zur schon komplizierteren flambierten Apfeltorte vereint dieses Buch 52 sehr verschiedene und sehr originelle Rezepte. Ihre Gemeinsamkeit: In jedem sind Äpfel die wichtigste Zutat. Sie allein geben diesen Kuchen ihren unverwechselbaren, spannungsreichen Wohlgeschmack, der letztlich aus dem Gegensatz von süßem Teig und angenehm säuerlichen Äpfeln resultiert.

Carola Ruff, 1947 in Bayern geboren, im Schwarzwald aufgewachsen, heute Journalistin in Berlin, hat die Apfelkuchen-Rezepte systematisch gesammelt. Von Berufs wegen oft in Zeitnot und voll der Sorge, ihr Kind könne nicht genug Liebe und zu wenig Vitamine erhalten, buk sie Sonntag für Sonntag unverdrossen ihre verschiedenen, immer neuen Apfelkuchen. Zur Freude von Kind und Verwandtschaft, von Freundes- und Bekanntenkreis.

Die Rezepte sind regional geprägt; wobei es angesichts der großen Beliebtheit mancher Apfelkuchen schwer ist, sie eindeutig einer bestimmten Landschaft zuzuordnen. Die Apfel-Sahne-Torte kennt man nicht nur in Potsdam, Apfelbiskuit nicht nur in Weimar und Jena, gedeckten Apfelkuchen nicht nur in Hessen und Apfelstrudel nicht nur in Bayern.

Auf jeden Fall soll von diesem Buch Ermutigung ausgehen, das ewig junge Thema Apfelkuchen wieder aufzunehmen und es um 52 leckere Varianten zu bereichern.

Viel Erfolg und gutes Gelingen!

Greif nicht gleich zu jedem Apfel ...

Mindestens 5.000 kultivierte Apfelsorten gibt es auf der Welt. Obwohl viele auch bei uns heimisch waren oder noch sind, haben sich auf dem Markt nur einige Sorten behaupten können. Doch selbst von ihnen wissen manche Käufer(innen) wenig. So stehen sie hilflos vor den einladenden Schaufenstern und attraktiven Auslagen. Rot, grün oder gelb, klein, mittel, groß, verlockend aromatisch und von schöner Gestalt verführen Äpfel zum Kauf. Sie sind das mit Abstand beliebteste Obst in Deutschland. Dabei ist nicht jeder Apfel gleich gut zum Backen geeignet. Für Kuchen und Torten schätzt man nicht unbedingt die mürben und süßen Sorten. Auch besonders frisch-saftige Äpfel sind eher zum Rohessen geeignet. Die kluge Bäckerin bevorzugt die würzig-säuerlichen, festeren Äpfel, die meist kleiner und unscheinbarer neben ihren polierten, rotglänzenden Artgenossen liegen.

In unserer Auswahl stellen wir Ihnen einige der beliebtesten und am meisten angebauten Sorten in Deutschland vor:

Alkmene

Der sehr aromatische Apfel ist 1930 aus den Sorten »Geheimrat Dr. Oldenburg« und »Cox Orange« entstanden. Süßfruchtig und erfrischend sauer fand er schnell Freunde und wird vor allem im süddeutschen Raum angebaut.

<u>Ernte:</u> Mitte Sept. bis Ende November
<u>Genußreife:</u> Anfang bis Mitte November
<u>Schale:</u> goldgelb bis rot geflammt und gesprenkelt
<u>Fruchtfleisch:</u> saftig, fest, knackend
<u>Geschmack:</u> süßfruchtig, mit feiner erfrischender Säure, aromatisch

Zum Backen geeignet.

Auralia

Diese Sorte ist eine brandenburgische Züchtung und stammt vorwiegend aus der Gegend um Müncheberg. Sie entstand aus einer Kreuzung der Sorten »Cox Orange« und »Schöner von Nordhausen«.

<u>Ernte:</u> Mitte bis Ende Oktober
<u>Genußreife:</u> Dezember bis März
<u>Schale:</u> gelbgrüner Grund und hellorange Deckfarbe
<u>Fruchtfleisch:</u> mittelfest, saftig

Geschmack: fein süß-säuerlich, zart aromatisch

Zum Backen gut geeignet.

Berlepsch

Das ist ein typischer Winterapfel. Er wurde schon 1880 aus den Sorten »Ananasrenette« und »Ribsten Pepping« gezüchtet. Er ist reich an Vitamin C und wird heute vorwiegend im Rheinland angebaut. Leider beginnt die Sorte bei Raumtemperatur schnell zu schrumpeln und wird deshalb wenig im Handel angeboten.

Ernte: Ende September bis Anfang Oktober
Genußreife: November bis März
Schale: zart, grüngelb bis dunkelrot gefärbt
Fruchfleisch: hell, fest, knackig, saftig
Geschmack: feine Fruchtsäure, aromatisch, würzig

Zum Backen gut geeignet.

Boskoop

Diese Apfelsorte heißt eigentlich »Schöner von Boskoop« und wurde vermutlich 1856 in Boskoop (Niederlande) entdeckt. Die rote Variante wurde 1923 im Rheinland gefunden. Diese sehr groß werdenden Äpfel kannten schon unsere Großeltern. Boskoop ist sehr verbreitet und wegen seines herb-säuerlichen Geschmacks der ideale Kuchen-Apfel.

Ernte: Ende September bis Mitte Oktober
Genußreife: Dezember bis April
Schale: rauh und matt, orange bis dunkelrot
Fruchtfleisch: gelblich und saftig, fest, später mürbe
Geschmack: herb-säuerlich, kräftig, fruchtig erfrischend, würzig, hoher Vitamin-C-Gehalt

Zum Backen sehr gut geeignet.

Cox Orange
(eigentlich: Cox Orangen Renette)

Das ist die Königin unter allen Apfelsorten und mittlerweile »Mutter« vieler neuer Züchtungen. Die Äpfel sind zart, säuerlich und riechen ein wenig nach Honig. Im Garten fallen Bäume dieser Sorte wegen ihrer langen Blütezeit auf. Die Sorte »Cox Orange« wurde schon um 1825 von M. R. Cox in England entdeckt und ist seit 1850 im Handel.

Ernte: Mitte bis Ende September
Genußreife: Oktober bis März
Schale: sonnenseitig geflammt, orange bis bräunlich
Fruchtfleisch: grünlich bis gelb, saftig, später angenehm mürbe
Geschmack: aromatisch, süß-fruchtig, sehr würzig mit feiner Säure

Zum Backen gut geeignet.

Glockenapfel

Die Sorte erhielt ihren Namen von der mittelgroßen bis großen, glockenähnlichen Form. Sie heißt eigentlich »Weißer Winterglockenapfel« und wurde vor 100 Jahren entdeckt. Der Glockenapfel stammt ursprünglich aus der Schweiz, ist besonders lange lagerfähig und behält bis Ostern seinen guten Geschmack.

Ernte: Mitte Oktober
Genußreife: Februar bis Juni
Schale: grünlich-gelb, an der Sonnenseite rötlich
Fruchtfleisch: weiß und fest, wenig saftig
Geschmack: herbsäuerlich, würzig, erfrischend

Zum Backen sehr gut geeignet.

Gloster

Gloster, der typische Weihnachts- und Winterapfel, ist einer der jüngsten Neulinge unter den Apfelsorten. Er entstammt einer Kreuzung zwischen Glockenapfel und Delicious, die 1951 in der Obstbaumversuchsanstalt Jork gelang. 1969 wurde er auf dem Markt vorgestellt und ist seitdem immer häufiger zu finden.

Ernte: Mitte Oktober
Genußreife: November bis Mai
Schale: rot bis bläulich-rot
Fruchtfleisch: grünlich-gelb und saftig
Geschmack: mild, feinfruchtige Säure

Zum Backen geeignet.

Golden Delicious

So heißt der wirklich köstliche Apfel heute. Er ist die Nr. 1 auf der Welt. Er soll um 1890 zufällig in einem Hausgarten in Westvirginia/USA entdeckt worden sein. Unbestätigte Gerüchte besagen, daß er schon vorher unter dem Namen »Edelstein« in Deutschland bekannt war. Damals soll er aber nicht so beliebt gewesen sein, weil ihm die Säure fehlte. Das ist bis heute so geblieben. Säuerlich wird er nur, wenn er die für ihn idealen Bedingungen vorfindet: heiße Tage und kühle Nächte. Dann wird er golden, süß und feinsauer. Wird er grün geerntet, bleibt er nur süß.
In der ehemaligen DDR wurde dieser Apfel sehr viel angebaut. Er hieß Gelber Köstlicher. Im Volksmund wurde er gelegentlich »Grüner Gräßlicher« genannt, aufgrund der fehlenden Restsäure.

Ernte: Oktober
Genußreife: November bis Juli
Schale: gelbe bis goldgelbe Schale, sonnenseits orange getönt
Fruchtfleisch: gelblich-weiß, fest, knackig, saftig
Geschmack: süßaromatisch, feine Fruchtsäure, süßlich-wäßrig

Zum Backen geeignet.

Goldparmäne

Diese Apfelsorte war schon im Mittelalter bekannt. Sie stammt wahrscheinlich aus Frankreich. Sie ist schon am Geruch nach Nüssen und Muskat von anderen Äpfeln zu unterscheiden, mit Sicherheit dann durch ihren feinen Geschmack.

Ernte: Mitte bis Ende September
Genußreife: Oktober bis Dezember
Schale: rot-orange geflammt, streifig auf gelbem Grund
Fruchtfleisch: weiß, fest, knackig, saftig; später weich, aber nicht trocken
Geschmack: süß-fruchtig, nußartig, auch nach Muskat

Zum Backen gut geeignet.

Gravensteiner

Er soll der feinste aller Äpfel sein, weil er verführerisch süß und gleichzeitig prickelnd sauer ist. Es gibt diese Sorte schon seit dem 18. Jahrhundert. Sie entstand in Gravenstein (dän. Graasten), einem früher bedeutenden Obstanbaugebiet an der Flensburger Förde.

Ernte: Ende August bis Anfang September
Genußreife: September bis November

Schale: gelblich-grün bis gelb, sonnenseits karminrot geflammt
Fruchtfleisch: grünlich-weiß, sehr saftig
Geschmack: würzig-erfrischend, betontes Aroma

Zum Backen sehr gut geeignet.

Idared

Äpfel dieser Sorte bestechen durch ihren milden, dennoch feinsäuerlichen Geschmack. »Idared« wurde 1930 aus »Jonathan« und »Wagnerapfel« gezüchtet.

Ernte: Oktober
Genußreife: Januar bis Juli
Schale: weißlich-gelber Grund mit kräftig dunkelroter Färbung
Fruchtfleisch: weißlich, sehr saftig und fest
Geschmack: feinsäuerlich

Zum Backen gut geeignet.

Ingrid Marie

Die Tochter eines dänischen Apfelbauern gab der Sorte ihren Namen. Entdeckt wurde sie 1911. Es soll ein Zufallssämling aus »Cox Orangen Renette« sein.

Ernte: Mitte bis Ende September
Genußreife: Oktober bis März
Schale: leuchtend dunkelrot, wachsig
Fruchtfleisch: cremefarben, am Schalenrand leicht rosa, saftig, später weich
Geschmack: mild, feinsäuerlich

Zum Backen geeignet.

Jamba

Aus »James Grieve« und »Melba« wurde diese Sorte 1954 in der Obstbauversuchsanstalt Jork gezüchtet.

Ernte: Mitte August bis Mitte September
Genußreife: Mitte August bis Ende Oktober
Schale: gelblich-grün, an der Sonnenseite rot geflammt
Fruchtfleisch: weiß-gelb, sehr saftig, locker
Geschmack: feinsäuerlich, aromatisch, erfrischend

Zum Backen geeignet.

Jonagold

Die Züchtung dieser Sorte gelang 1943 in den USA aus »Golden Delicious« und »Jonathan«. Seit 1968 sind diese Äpfel regelmäßig im Handel.

Ernte: Ende September bis Mitte Oktober
Schale: grüngelb bis sattgelb, an der Sonnenseite orange
Fruchtfleisch: gelblich, saftig, locker
Geschmack: süßlich, feinsäuerlich, aromatisch

Zum Backen gut geeignet.

Klarapfel

Der »weiße Klarapfel« ist der erste Apfel, der – schon im Sommer – geerntet wird. Er schmeckt am besten, wenn er noch ein wenig unreif ist. Wer auf dem Land groß geworden ist, erinnert sich bestimmt an gelegentliches Bauchweh, wenn diese lekkeren Äpfel »grün« und in zu großen Mengen genascht worden waren. Im Handel ist diese Sorte selten zu finden, weil die Äpfel schnell mehlig werden.

Ernte: Mitte Juli
Genußreife: Ende Juli bis Mitte August
Schale: dünn, grünlich-weiß, später weißgelb
Fruchtfleisch: saftig, später mehlig
Geschmack: mildsäuerlich

Zum Backen sind nicht zu reife Früchte sehr gut geeignet.

Zusätzlich zu diesen einheimischen Sorten sind viele, ebenso reizvolle Importe im Handel.

So gelingt der Teig immer ...

Hefeteig

Teig:
500 g Mehl, 100 g Zucker, 1/4 l Milch, 30 g Hefe, 80 g Butter oder Margarine, 1 Prise Salz

Alles Mehl in eine Schüssel häufen. In die Mitte eine Vertiefung drücken. 50 g Zucker und die lauwarme Milch verrühren, die zerbröckelte Hefe unterrühren und diese Flüssigkeit in die Vertiefung gießen. Etwa ein Drittel des Mehls einarbeiten, so daß ein kleiner, halbflüssiger Teig entsteht. Etwas Mehl darüber stäuben und die Schüssel mit einem Tuch bedecken. An einem warmen Ort mindestens 20 Minuten gehen lassen.
Danach das Hefestück mit allen übrigen Zutaten verkneten und den Teig nochmals 60 Minuten an einem warmen Ort gehen lassen.
Auf bemehlter Unterlage ausrollen, auf das gut gefettete Backblech legen. Mit dem Belag nochmals 15 bis 20 Minuten gehen lassen.
Diese Teigmenge ist ausreichend für einen Blechkuchen. Für eine runde Springform genügt schon die halbe Menge.

Tips und Tricks:

✧ Verwenden Sie nur ganz frische Hefe oder Trockenhefe, bei der das Verfalldatum noch nicht abgelaufen ist.

✧ Die Milch oder sonstige Flüssigkeit, in der die Hefe aufgelöst wird, darf nicht wärmer als 30 Grad sein, weil sonst die Hefebakterien abgetötet werden und der Teig nicht aufgehen kann.

✧ Lassen Sie dem Teig genug Zeit zum Gehen! Am besten gelingt er, wenn Sie ihn an einen warmen, zugfreien Ort stellen. Öffnen Sie kein Fenster zum Lüften, wenn Sie gerade Hefeteig zubereiten.

Mürbeteig

Teig:
500 g Mehl, 1 Päckchen Backpulver,
175 g Butter oder Margarine,
125 g Zucker, 1 Prise Salz, 2 Eier,
2–3 EL Milch

Mehl mit dem Backpulver sieben. Die kalte Margarine oder Butter, Zucker, Eier und die übrigen Zutaten zufügen. Alles rasch zu einem festen Teig verkneten, den zu einer Kugel formen, in Folie einschlagen und für 30 Minuten kalt stellen.
Danach auf einer bemehlten Fläche ausrollen und mit dem Teig das gefettete Kuchenblech oder die Backform belegen. Den Boden mehrmals mit der Gabel einstechen.
Diese Teigmenge ist ausreichend für einen Blechkuchen. Für eine runde Springform genügt schon die halbe Menge.

Tips und Tricks:

✧ Arbeiten Sie zügig, damit die Butter nicht weich wird. Sollte der Teig zu weich geworden sein, legen Sie ihn für 30 Minuten ins Tiefkühlfach.

✧ Muß der Teig vorgebacken werden, schneiden Sie ein Stück Backpapier oder Alufolie in der Größe Ihrer Backform zurecht (ohne Rand!), legen es auf den Teig und füllen Erbsen oder Bohnen ein. So behält der Teig die gewünschte Form. Diese Backerbsen können Sie mehrmals verwenden.

✧ Nach dem Abkühlen ist ein Mürbeteig-Kuchen möglichst bald aus der Form zu nehmen. Achtung: Ist er noch zu warm, kann er leicht zerbrechen. Ist er zu kalt, klebt er am Boden fest.

Rührteig

<u>*Teig:*</u>
250–300 g Butter oder Margarine, 200 g Zucker, 1 Prise Salz, 3–4 Eier, Gewürze (Vanillezucker, abgeriebene Schale von einer ungespritzten Zitrone, Backaromen etc.), 400 g feines Weizenmehl, 100 g Speisestärke, 1 Päckchen Backpulver, 6–8 EL Milch

Butter bzw. Margarine mit dem Zucker so lange schaumig schlagen, bis sich der Zukker vollkommen aufgelöst hat. Nach und nach die Eier (oder zunächst die Eigelb und zuletzt die steif geschlagenen Einweiß) zufügen. In die schaumige Masse nach Wunsch und Geschmack Gewürze unterrühren. Mehl, Speisestärke und Backpulver über die Masse sieben und unter ständigem, kräftigem Rühren einarbeiten. Der Teig heißt nicht umsonst Rührteig: Also wirklich gut rühren, sonst wird der Kuchen nicht luftig und locker. Eventuell Milch zufügen. Dann in eine gut gefettete Form füllen oder auf ein Backblech streichen. Dabei an der offenen Seite des Kuchenblechs einen hohen Rand aus Alufolie oder Backpapier falten, damit der Teig während der ersten Backzeit nicht herunterlaufen kann. Diese Teigmenge ist ausreichend für einen Blechkuchen. Für eine runde Springform genügt schon die halbe Menge.

<u>Tips und Tricks:</u>

✧ Alle Zutaten sollten Zimmertemperatur haben. Nehmen Sie Butter bzw. Margarine und Eier rechtzeitig aus dem Kühlschrank!

✧ Fetten Sie alle Backformen besonders sorgfältig ein, bei Kastenformen die Ecken nicht vergessen!

Biskuitteig

Teig:
3 Eier, 3 EL Wasser, 125 g Zucker,
1 Päckchen Vanillezucker, 1 Prise Salz,
75 g Weizenmehl, 75 g Speisestärke,
1 TL Backpulver

Die Eier trennen in Eigelb und Eiweiß. Die Eigelb mit dem Handrührer so lange schlagen, bis eine dickliche, helle Masse entstanden ist. Wenn die Eier nicht so gut binden, etwas lauwarmes Wasser zugeben. Zu der Eiercreme Zucker, Vanillezucker und Salz geben. Weiterschlagen, bis der Zucker vollständig gelöst ist. Mehl und Speisestärke mit dem Backpulver über die Masse sieben und mit wenigen Bewegungen rasch unterziehen. Die Eiweiß ganz steif schlagen. Zunächst ein Drittel der Eiweiß-Masse unter den Teig heben (nicht rühren!), dann den Rest. Nicht rühren! In die gut gefettete (nur der Boden!), evtl. mit Backpapier ausgelegte Form oder aufs Backblech streichen. Mit Backpapier unbedingt am offenen Rand des Kuchenblechs einen hohen Rand falten.

Tips und Tricks:

✧ Dieser Teig erfordert genaues und sorgfältiges Arbeiten. Das Eiweiß muß wirklich steif geschlagen sein. Deshalb ist darauf zu achten, daß keinerlei Eigelb-Reste in die Eiweißschüssel gelangen.

✧ Beim Backen von Biskuitteig nur den Boden der Form einfetten, niemals den Rand! Der Teig geht sonst nicht gleichmäßig auf.

✧ Für Biskuitteig ist der Backofen unbedingt vorzuheizen, sonst fällt der Teig zusammen.

✧ Biskuitteig sofort nach dem Backen noch heiß aus der Form lösen und kopfüber auf ein Kuchengitter stürzen. Für Biskuitrolle sofort rollen, ansonsten gut auskühlen lassen.

✧ Hohe Biskuitböden für Torten mindestens 1 Tag ruhen lassen, bevor sie quer durchgeschnitten werden können.

Strudelteig

Teig:
250 g Mehl, 1 Prise Salz, 50 g zerlassene Butter (oder zerlassene Margarine oder 2–3 EL Öl), 1 Eigelb, 6 EL lauwarmes Wasser, 4 EL zerlassene Butter oder Öl zum Bestreichen

zum Verfeinern:
50 g Puderzucker

Mehl, Salz, zerlassene Butter und Eigelb verkneten. Dabei löffelweise so viel lauwarmes Wasser zugeben, daß der Teig zwar geschmeidig, aber trotzdem fest ist. So lange kneten, bis sich der Teig von der Schüssel löst. Den Teig auf eine große, bemehlte Arbeitsfläche heben und weiter kräftig durchkneten. Zuletzt den Teig zu einer Kugel formen, mit zerlassener Butter bestreichen und unter einer mit heißem Wasser ausgespülten Schüssel ruhen lassen. Durch die Feuchtigkeit trocknet er nicht aus.

Am nächsten Tag die Arbeitsfläche mit einem sauberen, bemehlten Geschirrtuch bedecken. Den Teig zunächst mit dem Nudelholz flachdrücken, dann behutsam mit den Händen dehnen, bis der Teig so dünn ist, daß man durch ihn hindurch das Muster des Geschirrtuchs erkennen kann. Auf dem Teig die Füllungszutaten nach Rezept verstreichen und ihn dann von einer Längsseite her aufrollen. Dazu das Geschirrtuch etwas anheben und immer weiter rollen. Auf ein gut gefettetes Blech oder in eine Form legen, mit Butter einpinseln und backen.

Den gebackenen Strudel nochmals buttern und mit Puderzucker bestäuben.

Tips und Tricks:

✧ Den Strudelteig am besten schon einen Tag zuvor, mindestens aber einige Stunden vor dem Füllen kneten. Er wird umso besser, je länger er ruhen konnte.

✧ Einen wirklichen dünnen Strudelteig herzustellen erfordert viel Platz. Sie benötigen einen großen Tisch oder eine geräumige Arbeitsplatte.

1. Allgäuer Apfelstrudel

Teig:
250 g Mehl, 1 Prise Salz, 1–2 EL Öl, 1 Ei, 1/8 l lauwarmes Wasser, 1 TL Essig, 1 TL Öl zum Bestreichen

Füllung:
500 g Äpfel, Saft von 1/2 Zitrone, 100 g Zucker, 2 cl Apfelschnaps (am besten Calvados), 100 g Sonnenblumenkerne

Glasur:
2 EL Honig, 1 EL weiche Butter, 50 g Sonnenblumenkerne

Backgerät:
feuerfeste, längliche Auflaufform, 1 TL Margarine zum Einfetten

Aus den Zutaten einen Strudelteig herstellen (siehe Grundrezept) und möglichst hauchdünn zu einer rechteckigen Teigplatte ausziehen. Mit Öl einpinseln. Backofen auf 200° C vorheizen.
Die Äpfel waschen, schälen, entkernen und in sehr dünne Scheibchen schneiden. Mit Zitronensaft, Zucker, Schnaps und Sonnenblumenkernen mischen und gleichmäßig auf dem Teig verteilen. Von der Längsseite her aufrollen und in die gefettete Auflaufform legen. 35 Minuten backen.
Honig, Butter und Sonnenblumenkerne verrühren. Den Strudel aus dem Ofen nehmen, mit dieser Glasur bestreichen und weitere 10 Minuten backen lassen.
Warm mit Vanillesoße oder kalt mit Karamel-Eiscreme servieren.

Backzeit: 45 Minuten
Backhitze: 200° C

2. Altländer Rum-Haselnuß-Apfel-Kuchen

Teig:
200 g Butter oder Margarine,
200 g Zucker, 4 Eier, 200 g gemahlene Haselnüsse, 2 EL Kakao, 1 TL Zimt,
200 g Mehl, 1 TL Backpulver

Füllung:
500 g Äpfel, 1 Tasse Rum

Glasur:
200 g Puderzucker, 2 EL Rum,
1 EL Zitronensaft

Backgerät:
Springform, 1 TL Margarine zum Einfetten

Zuerst die Äpfel waschen, schälen, das Kernhaus entfernen und das Fruchtfleisch in Würfel schneiden. Mit dem Rum begießen und ziehen lassen.
Den Backofen auf 175° C vorheizen.
Inzwischen die weiche Butter mit Zucker und Eiern schaumig schlagen, Nüsse, den gesiebten Kakao und den Zimt zugeben und mit den übrigen Zutaten nach Vorschrift zu einem Rührteig verarbeiten. Zuletzt die gut abgetropften Apfelwürfel unterheben.
Die Teigmasse in die gefettete Springform füllen und backen lassen.
Nach dem Auskühlen mit Glasur überziehen. Dafür den gesiebten Puderzucker mit dem lauwarmen Rum verrühren, den Zitronensaft als letztes zufügen.

Backzeit: 60 Minuten
Backhitze: 175° C

3. Apfel-Nuß-Kuchen nach anhaltischer Art

Teig:
200 g Weizenvollkornmehl, 125 g Butter oder Margarine, 60 g brauner Rohrzucker, 1 Ei

Füllung:
3 Eigelb, 150 g Honig, 200 g gemahlene Haselnüsse, 3 Eiweiß

Belag:
500 g feste Äpfel

zum Verfeinern:
50 g Puderzucker

Backgerät:
Springform, 1 TL Margarine zum Einfetten

Äpfel waschen, schälen, halbieren und vorsichtig das Kernhaus entfernen. Die Apfelhälften in etwas Wasser einige Minuten dämpfen. Die Äpfel dürfen nicht zerfallen! Abkühlen und abtropfen lassen.
Mehl, Butter, Zucker und Ei zu einem glatten Teig verkneten. 30 Minuten kalt stellen. Dann die gefettete Springform mit dem Teig auslegen. Dabei einen hohen Rand andrücken.
Backofen auf 175° C vorheizen.
Eigelb und Honig schaumig rühren, die gemahlenen Haselnüsse unterrühren. Die Eiweiß steif schlagen, vorsichtig unter die Masse heben und diese auf den Teigboden streichen.
Die Apfelhälften mit der Rundung nach oben auf die Nußmasse setzen. Backen. Abkühlen lassen und vor dem Servieren mit Puderzucker bestäuben.

Backzeit: 60–70 Minuten
Backhitze: 175° C

4. Badischer Walnuß-Apfelgelee-Kuchen

Teig:
150 g Margarine, 150 g Zucker, 3 Eier, 3 EL Rum, 1 Päckchen Vanillezucker, 50 g gehackte Walnüsse, 350 g Mehl, 1 Backpulver

Belag:
1250 g Äpfel, 250 g Apfelgelee, 12 halbe Walnüsse

Backgerät:
Backblech, 1 TL Margarine zum Einfetten

Margarine und Zucker schaumig schlagen. Nach und nach die übrigen Zutaten zugeben, (nach Grundrezept) einen Rührteig bereiten und auf das gefettete Backblech streichen.
Äpfel waschen, schälen, vierteln und das Kernhaus entfernen. Die Apfelviertel in schmale Spalten schneiden und damit den Teig schuppenartig, dicht belegen. Backen. Das Apfelgelee erwärmen, glattrühren und auf den noch warmen Kuchen geben. Mit den Nußhälften verzieren und kalt stellen.

Backzeit: 30–40 Minuten
Backhitze: 180° C

5. Ballenstedter Apfel-Mandel-Kuchen

Teig:
250 g Butter oder Margarine,
250 g Zucker, 4 Eier, 1 Prise Salz,
2 Päckchen Vanillezucker, 100 g Kokosraspeln, 250 g Mehl, 2 Päckchen Puddingpulver Vanillegeschmack, 2 TL Zimt,
1 TL Backpulver

Belag:
12 säuerliche Äpfel, Saft einer Zitrone,
50 g gehobelte Mandeln

zum Verfeinern:
3 EL Aprikosenkonfitüre, 1 EL Apricot Brandy, 50 g Puderzucker

Backgerät:
Backblech, Backpapier (hohen Rand für offene Blechseite falten)

Butter und Zucker schaumig rühren, die Eier nach und nach zugeben. Rühren, bis der Zucker gelöst ist. Salz, Vanillezucker und Kokosraspeln dazugeben. Mehl, Puddingpulver, Zimt und Backpulver mischen und über den Teig sieben. Unterrühren. Den Teig auf ein mit Backpapier ausgelegtes Blech streichen.
Die gewaschenen Äpfel schälen, halbieren, das Kerngehäuse entfernen. Die runde Apfelseite mehrmals einkerben und mit Zitronensaft bestreichen. Die Apfelhälften mit der Rundung nach oben gleichmäßig auf den Teig setzen. Mandelblättchen darüber streuen und im kurz vorgeheizten Ofen backen.
Die Aprikosenkonfitüre mit dem Apricot Brandy verrühren, beides erhitzen und vorsichtig auf den fertigen Kuchen streichen. Vor dem Servieren mit Puderzucker bestäuben.

Backzeit: 35 Minuten
Backhitze: 200° C

6. Bayerische Preiselbeer-Apfeltorte

Teig:
2 Eier, 3 EL heißes Wasser, 125 g Zucker, 1 Päckchen Vanillezucker, 75 g Mehl, 50 g Speisestärke, 1 TL Backpulver, 1 Prise Salz

Belag:
50 g Rosinen, 2 EL Rum, 2 Blatt weiße Gelatine, 1 kg Äpfel, 50 g Butter oder Margarine, 150 g Zucker, 1/4 l Schlagsahne, 100 g Preiselbeerkompott, 50 g Krokant

Backgerät:
Springform, 1 Bogen Backpapier, Kuchengitter

Backofen auf 200° C vorheizen.
Aus den Zutaten (nach Grundrezept) einen Biskuitteig herstellen, in die mit Backpapier ausgelegte Springform füllen und 20 Minuten backen lassen. Den Boden noch warm aus der Form lösen, dabei den Rand vorsichtig mit einem spitzen Messer lockern. Den Boden auf ein Kuchengitter stürzen, das Backpapier abziehen und gut auskühlen lassen.
Für den Belag die Rosinen waschen, abtrocknen und in Rum legen. Die Gelatine in etwas kaltem Wasser einweichen.
Die gewaschenen Äpfel schälen, achteln und entkernen. 50 g Butter in einem Topf zerlaufen lassen, den Zucker unterrühren, die Apfelstücke dazugeben und alles im Backofen bei 175° C 30 Minuten garen lassen. Während der Garzeit vorsichtig 2–3 mal umrühren, damit die Apfelstücke nicht ansetzen, aber als Stücke erhalten bleiben.
Die Sahne steif schlagen. Die Gelatine ausdrücken, in einem kleinen Topf bei geringer Hitze auflösen und dann vorsichtig unter die Sahne mischen. Auch die abgetropften Rosinen und die gedünsteten, abgekühlten Apfelstücke unter die Sahne mischen und diese Masse 30 Minuten kalt stellen.
Das Preiselbeerkompott auf den Tortenboden streichen. Die Apfelsahne-Mischung darauf verteilen, glattstreichen und mit Krokant verzieren. Bis zum Verzehr kalt stellen.

Backzeit: 20 Minuten
Backhitze: 200° C

7. Bremer Dattel-Nuß-Apfel-Torte

<u>*Teig:*</u>
50 g gehackte Mandeln, 100 g Honig, 4 Eier, 50 g entkernte, feingehackte Datteln, 3 EL Eiswasser, 1 TL Orangenlikör, 50 g gemahlene Haselnüsse, 125 g gemahlener Buchweizen

<u>*Belag:*</u>
300 ml festes Apfelmus, 1 EL Orangenlikör, 300 g Sahnequark, 50 g Honig, 50 g geschälte Pecannüsse, ersatzweise Walnüsse, 1 EL Zitronensaft, 1 Päckchen Vanillezucker

<u>*zum Verfeinern:*</u>
1/4 l Schlagsahne, 50 g Puderzucker

<u>*Backgerät:*</u>
Springform, 1 TL Margarine zum Einfetten, Getreidemühle

Die gehackten Mandeln in einer trockenen Pfanne goldgelb rösten, abkühlen lassen. Honig und Eigelb schaumig rühren. Datteln, Eiswasser, Likör, Nüsse und das Buchweizenmehl dazugeben. Zuletzt das steif geschlagene Eiweiß unterheben.
Den Backofen auf 175° C vorheizen.
Eine Springform nur am Boden einfetten und den Teig einfüllen. 25 Minuten backen lassen und weitere 10 Minuten im abgeschalteten Backofen stehen lassen. Den Tortenboden abkühlen lassen, auf ein Kuchengitter stürzen und über Nacht stehen lassen.
Am nächsten Tag waagrecht durchschneiden. Apfelmus und Likör verrühren und die untere Teigplatte damit bestreichen. Quark mit Honig, Nüssen, Zitronensaft und Vanillezucker verrühren. Den Nußquark vorsichtig auf die Apfelmusschicht streichen. Die zweite Teigplatte aufsetzen. Die Torte mit Alufolie abdecken und 4 bis 6 Stunden im Kühlschrank durchziehen lassen. Vor dem Servieren den Kuchen ringsum mit der steif geschlagenen, süßen Sahne bestreichen.

Backzeit: 25 Minuten
Backhitze: 175° C

8. Cottbusser Apfelkrapfen

Teig:
500 g Mehl, 100 g Zucker, 1/4 l lauwarme Milch, 1 Würfel Hefe, 75 g Butter oder Margarine, 2 Eier, 300 g säuerliche Äpfel, 50 g Sultaninen, 50 g Korinthen, 75 g Orangeat

zum Verfeinern:
200 g Zucker, 1 TL Zimt

Backgerät:
Friteuse, Backfett oder -öl

Mehl und Zucker in eine Schüssel geben. 1/8 l lauwarme Milch und Hefe verrühren, in die Schüsselmitte geben, verrühren und das Hefestück nach Vorschrift gehen lassen (siehe Grundrezept). In der restlichen Milch die Butter schmelzen, abkühlen lassen und die verquirlten Eier zufügen. Diese Butter-Eier-Milch zum gegangenen Hefestück geben und alles zu einem geschmeidigen Teig kneten. Zugedeckt nochmals an einem warmen Ort 40 Minuten gehen lassen.
Inzwischen die Äpfel schälen, vierteln und das Kerngehäuse entfernen. Apfelwürfel schneiden. Die Würfel mit Sultaninen, Korinthen und dem Orangeat unter den Hefeteig kneten. Nochmals 15 Minuten gehen lassen.
In einem Fritiergerät Ausbackfett auf 175° C erhitzen. Vom Teig mit Hilfe von zwei Eßlöffeln Krapfen abstechen und portionsweise im Fett goldbraun ausbacken. Abtropfen lassen und in einem Zimt-Zukker-Gemisch wälzen. Frisch verzehren.

Backzeit: 4 Minuten
Backhitze: 175° C

9. »Eingesunkene Äpfel« oder Versunkene Apfeltorte

(in vielen Gegenden lange bekannt und beliebt)

Teig:
125 g Butter, 150 g Zucker, 2 Eigelb, 1/2 Tasse Milch, 150 g Weizenmehl, 100 g Speisestärke, 1/2 Päckchen Backpulver, 100 g gemahlene Mandeln

Belag:
1 kg säuerliche Äpfel

zum Verfeinern:
30 g Puderzucker

Backgerät:
Springform, Kuchengitter

Butter schaumig rühren, Zucker und Eigelb zugeben. Mehl mit der Speisestärke und dem Backpulver mischen. Zum Teig sieben und mit der Milch schaumig rühren. Die Mandeln unterziehen. Die Masse in eine Springform füllen und glattstreichen. Die Äpfel schälen, Kernhaus entfernen und vierteln. Quer zur Länge die Schnitze sehr fein einschneiden. In den Teig stecken.
Auf der unteren Schiene in den vorgeheizten Backofen einschieben. Backen.
In der Springform auskühlen lassen, dann auf ein Kuchengitter geben und mit Puderzucker überstreuen.

Backzeit: ca. 50 Minuten
Backhitze: 175 bis195° C

10. Elmshorner Haferflocken-Apfelkuchen

zuviel Fett ×

Teig:
150 g Butter, 100 g Zucker, 5 Eier, 1 Prise Salz, 50 g Mehl, 1 gehäufter TL Backpulver, 125 g zarte Haferflocken, 1 TL Orangenlikör

Belag:
500 g Äpfel, Saft von einer halben Zitrone, 50 g Zucker, 40 g zerlassene Butter, 75 g gehackte Mandeln

Backgerät:
Springform, 1 EL Haferflocken zum Bestreuen des Bodens

Die Äpfel waschen, schälen, vierteln, Kerngehäuse entfernen und die Äpfel in dicke Spalten schneiden. Die Apfelstücke mit Zitronensaft beträufeln, den Zucker zufügen und im eigenen Saft bei gelinder Hitze kurz dünsten. Erkalten lassen und mit der zerlassenen Butter sowie den gehackten Mandeln mischen.
Die Butter mit dem Zucker schaumig rühren. Eier zufügen, weiter rühren. Die mit Salz, Mehl und Backpulver vermengten Haferflocken vorsichtig unterheben. Mit Orangenlikör abschmecken. 1/4 des Teigs in eine mit Haferflocken bestreute Backform füllen, glattstreichen. Darauf die Apfelmasse verteilen und vom Rest des Teigs kleine Häufchen zwischen die Apfelmasse setzen. Backen.

Backzeit: 60 Minuten
Backhitze: 190° C

11. Frankfurter Apfeltorte

Teig:
175 g Mehl, 90 g Butter oder Margarine, 3 EL Zucker, 1 Ei, 2 EL Wasser

Belag:
5 große Äpfel, 3 EL Wasser, 1 TL Zucker, 1 Päckchen Vanillezucker, 1 TL Zimt

Glasur:
150 g Aprikosenkonfitüre

Backgerät:
Springform (24 cm Durchmesser), 1 TL Margarine zum Einfetten

Alle Teigzutaten miteinander verkneten. Den recht festen Teig eventuell mit 2 EL Wasser geschmeidiger machen. Den Teig ausrollen, einen Tortenboden formen und im Kühlschrank 1 Stunde ruhen lassen. Inzwischen drei Äpfel schälen, vierteln, entkernen und in kleine Stücke schneiden. Mit etwas Wasser zu Mus kochen. Mit dem Teig den Boden der Springform belegen, einen Rand andrücken. Das Apfelmus darauf streichen. Die beiden restlichen Äpfel schälen, vierteln, Kernhaus entfernen. Die Apfelspalten in sehr dünne Scheiben schneiden und auf das Apfelmus legen. Mit Zucker, Vanillezucker und Zimt bestreuen. Die Torte direkt auf den Boden des Backofens setzen und 10 Minuten backen lassen. Dann auf die unterste Schiene schieben und weitere 15–20 Minuten backen. Die Aprikosenkonfitüre glattrühren und auf den noch warmen Kuchen streichen.

Backzeit: 30 Minuten
Backhitze: 225° C

12. Frankenwälder Weihnachtsapfeltorte

Teig:
100 g Butter oder Margarine, 150 g Zucker, 200 g Honig, 3 Eier, 2 EL Rum, 500 g Mehl, 1 Päckchen Backpulver, 1 Päckchen Lebkuchengewürz

Füllung:
1/2 l sehr dickes Apfelmus

Glasur:
2 Becher Schokoladenkuvertüre, 12 ganze, geschälte Mandeln

Backgerät:
Springform, 1 TL Margarine zum Einfetten

Butter zerlassen, Zucker und Honig unter Rühren darin erhitzen und wieder abkühlen lassen. Eier schaumig schlagen und mit dem Rum unter die abgekühlte Butter-Zucker-Honig-Masse geben. Mehl, Backpulver und Lebkuchengewürz mischen und zufügen. Gut miteinander verrühren. Backofen auf 180° C vorheizen.
Den Teig in eine gut gefettete Springform füllen und auf der mittleren Schiene backen. Erkalten lassen. Am nächsten Tag den Tortenboden waagerecht halbieren.
Den unteren Tortenboden mit Apfelmus füllen, die obere Teigplatte daraufsetzen. Die Kuvertüre nach Anweisung schmelzen und den Kuchen damit überziehen. Den Rand glatt streichen. Die Oberfläche mit den Mandeln verzieren.

Backzeit: 40 Minuten
Backhitze: 180° C

13. Fränkischer Apfel-Quark-Kuchen

Teig:
500 g Mehl, 1 Würfel Hefe, 65 g Zucker, 1 Prise Salz, 1/4 l lauwarme Milch, 1 kleines Ei, 165 g zerlassene, abgekühlte Margarine oder Butter

Belag:
1 kg Magerquark, 1/8 l Milch, 4 Eier, 150 g Zucker, 1 Päckchen Vanillezucker, 1,5 kg Äpfel

Backgerät:
Backblech, 1 EL Margarine zum Einfetten

Das Mehl in eine Schüssel geben. Hefe, Zucker, Salz in der lauwarmen Milch verrühren und zum Hefestück ansetzen. Ist das nach Vorschrift gegangen (siehe Grundrezept!), die übrigen Zutaten hinzufügen, einen glatten Hefteig kneten und nochmals 60 Minuten gehen lassen.
Den Teig ausrollen, ein gut gefettetes Kuchenblech damit belegen. Einen Rand andrücken. Wieder 20 Minuten gehen lassen. Für den Belag Magerquark und Milch gut verrühren. Auf den Hefeteig streichen. Dann die Eier mit dem Zucker und Vanillezucker verquirlen und über dem Quark verteilen.

Äpfel schälen, vierteln, entkernen und in dünne Scheiben schneiden. Den Kuchen gleichmäßig damit belegen und weitere 10 Minuten gehen lassen. Im vorgeheizten Ofen backen.

Backzeit: 30 Minuten
Backhitze: 200° C

14. Fränkischer Roggen-Apfel-Kuchen

Teig:
175 g Roggenmehl (Type 1150),
75 g Roggenschrot (Type 1800),
1 1/2 TL Backpulver, 85 g Butter oder Margarine, 50 g Zucker, 2 EL Creme fraiche, 1 Päckchen Vanillezucker, 1 TL Orangenlikör

Belag:
4 große Äpfel

Backgerät:
Springform, Alufolie, 1 TL Margarine zum Einfetten

Alle Zutaten schnell miteinander verkneten. Eine Springform fetten und mit dem Teig belegen. Einen hohen Rand andrükken. Den Kuchen 30 Minuten kalt stellen. Inzwischen die Äpfel schälen, vierteln, entkernen und in feine Scheiben schneiden. Auf den Teig legen und 10 Minuten auf der mittleren Schiene backen. Den Kuchen mit Alufolie abdecken und weitere 30 Minuten backen.

Backzeit: 40 Minuten
Backhitze: 200° C

15. Frankenwein-Apfel-Kuchen

Teig:
250 g Mehl, 1 große Prise Salz, 125 g kalte Butter oder Margarine, 80 g Zucker, 1–2 Eier

Belag:
3/4 l herber Frankenwein, 2 Päckchen Puddingpulver Vanillegeschmack, 200 g Zucker, 1 kg Äpfel

Backgerät:
Backblech, 1 EL Margarine zum Einfetten

Aus den Zutaten einen Mürbeteig kneten (siehe Grundrezept), ausrollen, auf das gefettete Backblech legen und kühl stellen. Aus Weißwein, Puddingpulver und Zukker nach Anleitung einen Vanillepudding herstellen. Abkühlen lassen.
Die Äpfel schälen und raspeln, austretende Flüssigkeit abgießen. Die Apfelmasse vorsichtig unter den Pudding heben und auf den Teig streichen. Backen.

Backzeit: 45 Minuten
Backhitze: 180–200° C

16. Freiburger Apfelkuchen

Teig:
375 g Mehl, 250 g weiche Butter, 75 g Zucker, 1 TL Backpulver, 1 Ei

Belag:
2 kg säuerliche Äpfel, 75 g Zucker, 75 g Rosinen, 1 TL Zimt, 75 g gehobelte Haselnüsse, etwas Zucker zum Abschmecken

Guß:
4 Eier, 125 g Zucker, 1 Päckchen Vanillezucker, 4 geriebene Zwiebäcke, 1/4 l saure Sahne, 25 g gehobelte Haselnüsse

Backgerät:
Backblech, 1 EL Margarine zum Einfetten

Aus den Zutaten einen Mürbeteig kneten. Kalt stellen. Ausrollen und ein gefettetes Backblech damit belegen. Mit einer Gabel mehrmals in den Teig einstechen und den Teig 12 Minuten vorbacken.
Die Äpfel schälen, vierteln, entkernen und in kleine Stücke schneiden. Mit Zucker, Rosinen, Zimt unter Rühren leicht dünsten und wieder abkühlen lassen. Die Haselnüsse unterrühren. Eventuell mit Zukker nachsüßen.
Die Äpfel auf der vorgebackenen Teigplatte verteilen.
Für den Guß die Eier trennen. Eigelb, Zucker und Vanillezucker schaumig rühren, Zwiebackbrösel und Sahne unterrühren. Zuletzt die steif geschlagenen Eiweiß unterheben. Diesen Guß auf die Äpfel geben. Die Haselnußscheibchen darüber streuen und weitere 25 Minuten backen.

Backzeit: insgesamt ca. 40 Minuten
Backhitze: 180° C

17. Freyburger Weißwein-Apfel-Kuchen

Teig:
125 g Butter oder Margarine, 75 g Zucker, 1 Prise Salz, 250 g Mehl, 1/8 l herber Weißwein

Belag:
1 kg Äpfel, 2 EL Zucker

Guß:
2 Eier, 2 Päckchen Vanillezucker, 1 EL gemahlene Mandeln, 50 g Zucker, 1/4 l Schlagsahne

Backgerät:
Springform, 1 TL Margarine zum Einfetten

Butter oder Margarine mit Zucker und Salz schaumig rühren, dann abwechselnd Mehl und Weißwein zufügen, alles verrühren und gut verkneten. Dann 30 Minuten kalt stellen.
Eine gefettete Springform mit dem Teig auslegen, einen hohen Rand andrücken.
Die Äpfel schälen, halbieren und entkernen. An den Rundungen tief einkerben. Die Apfelhälften mit den Rundungen nach oben auf den Teig legen und mit dem Zucker bestreuen. Backen.
Eier, Vanillezucker, Mandeln und Zucker schaumig schlagen. Die steif geschlagene Sahne vorsichtig unter die Eiermasse heben. Den Kuchen nach 30 Minuten Backzeit aus dem Ofen nehmen, den Guß darübergeben und weitere 10 Minuten backen.

Backzeit: insgesamt 40 Minuten
Backhitze: 225° C

18. Friesische Apfel-Preiselbeer-Pie

Teig:
150 g Margarine, 125 g Zucker,
1 Päckchen Vanillezucker, 175 g Mehl,
1 TL Backpulver, 2 Eigelb

Füllung:
5 mittelgroße Äpfel, 1/2 l Wasser, Saft einer Zitrone, 3 EL Apfelgelee, 150 g Preiselbeerkonfitüre

Backgerät:
Pieform (Durchmesser 26 cm), Alufolie

Alle Teigzutaten miteinander verkneten und den Teig eine Stunde kalt stellen.
Äpfel schälen, mit einem Apfelausstecher das Kerngehäuse entfernen und die Äpfel in 1 cm dicke Ringe schneiden. Wasser und Zitronensaft aufkochen, die Apfelringe vorsichtig hineingeben und 2 Minuten blanchieren. Gut abtropfen lassen.
Den Teig zwischen Folie ausrollen und eine gefettete Pieform damit auslegen. Den Teig mit den Apfelringen belegen. Apfelgelee erwärmen. Die Apfelringe damit überglänzen. Preiselbeerkonfitüre in Häufchen auf den Apfelringen verteilen. Die Pie im vorgeheizten Ofen backen. Noch warm mit Schlagsahne oder Vanille-Eis servieren.

Backzeit: 50 Minuten
Backhitze: 175 ° C

19. Hamburger Kokos-Apfel-Kuchen

Teig:
75 g Butter oder Margarine, 3 EL Honig, 1 Ei, 1 Prise Zimt, 1 TL Orangenlikör, 200 g Mehl

Belag:
100 g Kokosraspeln, 125 g Rohmarzipan, 3 Eigelb, 1 EL Honig, 1 TL Orangenlikör, 1 TL Zitronensaft, 6 gleichgroße Äpfel, 3 Eiweiß

Backgerät:
runde Auflaufform, 1 TL Margarine zum Einfetten

Für den Teig Butter und Honig schaumig rühren, anschließend mit Ei, Zimt, Likör und Mehl verkneten. Den Teig 3 bis 4 Stunden im Kühlschrank ruhen lassen.
Die Kokosraspeln in einer trockenen Pfanne goldgelb rösten, abkühlen lassen. Marzipan zerbröseln, mit Eigelb, Honig, Likör und Zitronensaft verrühren. Einen Apfel schälen, raspeln und untermischen. Die dabei entstehende Flüssigkeit vorher abgießen.
Die übrigen fünf Äpfel schälen, halbieren, vorsichtig entkernen. Die Rundung einkerben.
Eine Auflaufform einfetten und mit dem Teig auslegen. 3 cm Rand hochziehen. Die gerösteten Kokosraspeln jetzt unter die Marzipan-Apfel-Masse heben. Die Eiweiß steif schlagen und ebenfalls unterheben. Diese Masse auf den Teig streichen. Die Äpfel mit der Rundung nach oben in die Masse setzen. Auf der untersten Schiene backen.
Den Kuchen einen Tag ziehen lassen, bevor er angeschnitten wird.

Backzeit: 40 Minuten
Backhitze: 200° C

Apfel-Preiselbeer-Pie (Nr. 18)

20. Holsteinischer Apfelkuchen mit Marzipangitter

Teig:
300 g Mehl, 175 g Butter, 175 g Zucker, 1 Ei, 1 Prise Salz, 1 TL Backpulver

Belag:
1,5 kg Äpfel, 50 g Margarine, Saft von 2 Zitronen, 75 g Zucker, 2 Päckchen Vanillezucker, 1 TL Zimt

Gitter:
300 g Marzipanrohmasse, 300 g Puderzucker, 2 EL Calvados

Backgerät:
Backblech, 1 TL Margarine zum Einfetten, Tortenspritzbeutel

Alle Zutaten schnell miteinander verkneten. Den Teig ausrollen, auf das gefettete Backblech legen, einen kleinen Rand andrücken und alles kalt stellen.
Die Äpfel schälen, vierteln, entkernen. Die Margarine zerlassen, Zitronensaft, Zucker und Gewürze zufügen. Die Apfelstücke darin kurz dünsten lassen. Sie dürfen nicht zerfallen. Abkühlen lassen. Die entstandenen Flüssigkeit abschöpfen.
Den Backofen auf 180° C vorheizen.
Die Apfelstücke auf dem Teigboden gleichmäßig verteilen. Marzipanrohmasse mit dem gesiebten Puderzucker und dem Likör verrühren. Diese weiche Masse mit der Tortenspritze gitterförmig auf den Apfelbelag aufbringen. Auf der mittleren Schiene backen.

Backzeit: 20 Minuten
Backhitze: 180° C

21. Hannoverscher Apfelkuchen

Teig:
375 g Weizenmehl, 30 g Hefe oder 1 Päckchen Trockenhefe, 50 g Zucker, 1 Päckchen Vanillezucker, 1 Prise Salz, 1 Ei, 200 ml lauwarme Milch, 50 g zerlassene, abgekühlte Butter oder Margarine

Füllung:
1,5 kg Äpfel, 50 g Rosinen, 40 g Zucker, 1 TL Zimt, 30 g Butter

zum Verfeinern:
40 g Butter, 50 g Zucker, 1 Päckchen Vanillezucker, 50 g gehackte Mandeln

Backgerät:
Backblech, 1 EL Margarine zum Einfetten

Nach Vorschrift aus den Zutaten einen Hefeteig bereiten und gehen lassen (siehe Grundrezept). Den fertigen Teig halbieren. Eine Hälfte ausrollen und damit 2/3 eines gut gefetteten Backblechs belegen. 2 cm hohe Ränder andrücken.
Die Äpfel schälen, vierteln, entkernen und in Scheiben schneiden. Mit den Rosinen, dem Zucker, Zimt und der Butter im eigenen Saft bei gelinder Hitze kurz dünsten und wieder abkühlen lassen. Diese Füllung auf den Hefeteigboden geben. Dabei an der offenen Blechseite etwa 2 cm Teig frei lassen. Diesen überstehenden Teigrand hoch drücken. Den restlichen Teig zu einer Platte in Größe des vorbereiteten Kuchens ausrollen und auf die Apfelfüllung legen. Die Ränder gut zusammendrücken. Den Kuchen mit der zerlassenen Butter bestreichen. Zucker, Vanillezucker und gehackte Mandeln gut mischen und darüber streuen. Backen.

Backzeit: 25–30 Minuten
Backhitze: 180° C

22. Harzer Quark-Apfel-Kuchen

Teig:
200 g Mehl, 100 g Butter oder Margarine, 50 g Zucker, 1 Eigelb, 1 TL Backpulver, 1 EL Wasser

Belag:
750 g abgetropfter Quark, 200 g Zucker, 50–100 g Rosinen (nach Geschmack), 2 Eigelb, 30 g Speisestärke, 1 Päckchen Puddingpulver Vanillegeschmack, 1 Päckchen Vanillezucker, 2–3 EL Milch, 1 EL Zitronensaft, 1 EL Rum, 1 Prise Salz, 3 Eiweiß, 4–5 gleich große Äpfel, 1 Tl Zitronensaft, 1 TL Zucker, 1 EL Mandelblättchen

Backgerät:
Auflaufform, 1 TL Margarine zum Einfetten

Alle Zutaten für den Mürbeteig miteinander verkneten (siehe Grundrezept). Den Teig ausrollen, die Form damit auslegen und kalt stellen.
Den Quark mit Zucker, Rosinen, Eigelb, Speisestärke, Puddingpulver, Vanillezucker, Milch, Zitronensaft, Rum und Salz verrühren. Zuletzt die steif geschlagenen Eiweiß unterheben. Die Quarkmasse auf den Teigboden streichen.
Die Äpfel schälen, halbieren und entkernen. An den Rundungen mehrfach einritzen, mit Zitronensaft beträufeln und mit Zucker bestreuen. Die Apfelhälften mit der Rundung nach oben auf die Quarkmasse setzen. Mandelblättchen darüber streuen. Auf der untersten Schiene 55 Minuten backen. Im abgeschalteten Backofen weitere 10 Minuten stehen lassen.

Backzeit: 55 Minuten
Backhitze: 200° C

23. Hessischer Äbbelwoi-Kuchen

Teig:
1 TL Salz, 5 EL Äbbelwoi (herber Apfelmost), 250 g Mehl, 90 g Butter

Belag:
500 g Äpfel, 60 g Zucker, 75 g Semmelbrösel, 25 g gehackte Haselnüsse

Guß:
1/8 l Schlagsahne, 2 Eigelb, 1 Ei,
1 EL Speisestärke

Glasur:
3 EL Apfelgelee, 1 EL Äbbelwoi (herber Apfelmost)

Backgerät:
runde Auflaufform, 1 EL Margarine zum Einfetten

Das Salz im Äbbelwoi auflösen und diese Flüssigkeit schnell mit den anderen Zutaten zu einem glatten Teig verkneten. Kühl stellen.
Die Äpfel schälen, vierteln und entkernen. Anschließend in hauchdünne Scheiben schneiden und mit dem Zucker vermischen.
Den Backofen auf 200° C vorheizen.
Eine gefettete Auflaufform mit dem Teig auslegen, Rand hochziehen. Den Teigboden mehrmals mit der Gabel einstechen. Auf der mittleren Schiene 20 Minuten vorbacken.
Den Kuchen aus dem Ofen nehmen, die Temperatur auf 180° C herunter stellen. Semmelbrösel und gehackte Nüsse mischen und auf den Teigboden streuen. Die Apfelscheiben möglichst gleichmäßig darüber verteilen. Nochmals 20 Minuten backen. Inzwischen Sahne, Ei und Speisestärke verquirlen. Den Kuchen aus dem Ofen nehmen, den Guß auf die Äpfel geben. Weitere 15 Minuten backen.
Das Apfelgelee mit dem Äbbelwoi glatt rühren und über den noch warmen Kuchen streichen. In der Form erkalten lassen.

Backzeit: insgesamt 55 Minuten
Backhitze: zuerst 200°, dann 180° C

24. Jenaer Apfelbiskuit

Teig:
3 Eier, 3 EL Wasser, 120 g Zucker,
200 g Mehl, 120 g Speisestärke,
1 1/2 TL Backpulver

Füllung:
500 g Äpfel

zum Verfeinern:
50 g Puderzucker

Backgerät:
Springform, gleich große runde Auflaufform, 1 EL Margarine zum Einfetten, Backpapier

Backofen auf 200° C vorheizen.
Aus den Zutaten einen Biskuitteig zubereiten (siehe Grundrezept). Die Springform mit Backpapier auslegen und die Hälfte des Teiges darauf streichen. 10 Minuten backen. Im warmen Herd ruhen lassen.
Den Biskuitboden in die Auflaufform stürzen, das Backpapier abziehen. Etwas abkühlen lassen.
Die Äpfel schälen, vierteln, entkernen und in feine Scheiben schneiden. Die Apfelscheiben kreisförmig auf den Teigboden legen. Den restlichen Teig darüber füllen, glattstreichen und bei 180° etwa eine halbe Stunde backen.
Vor dem Servieren mit Puderzucker bestreuen.

Backzeit: zuerst 10 Minuten, dann 60 Minuten
Backhitze: zuerst 200°, dann 180° C

25. Lausitzer Apfel-Birnen-Kuchen

Teig:
500 g Mehl, 1 Würfel Hefe oder 1 Päckchen Trockenhefe, 1/4 l lauwarme Milch, 50 g Zucker, 1 Ei, abgeriebene Schale einer ungespritzen Zitrone, 1 Prise Salz, 50 g weiche Butter

Belag:
750 g mürbe Äpfel, 750 g reife, aber nicht zu weiche Birnen, Saft einer Zitrone

Guß:
100 g Margarine, 100 g Honig, 4 EL Milch, 100 g Mandelblättchen, 25 g feingehackte Walnüsse, 1 EL Speisestärke

Backgerät:
Backblech, 1 EL Margarine zum Einfetten, Alufolie

Mehl in eine tiefe Schüssel füllen. Hefe, Milch und Zucker verrühren, in das Mehl gießen und ein Hefestück bereiten. Gehen lassen (siehe Grundrezept). Später mit allen übrigen Zutaten verkneten, nochmals gehen lassen. Den geschmeidigen Teig ausrollen und aufs Blech legen. Gehen lassen.
Äpfel und Birnen schälen. Die Birnen vier-

teln und entkernen. Die Äpfel halbieren, entkernen und an der Rundung einkerben. Beides mit Zitronensaft beträufeln.
Den ausgerollten Teigboden reihenweise mit Äpfeln und Birnen belegen.
Den Backofen auf 200° C vorheizen.
Für den Guß Margarine, Honig und 2 EL Milch aufkochen lassen, Mandelblättchen und Walnüsse zufügen und unter Rühren 2 Minuten mitkochen lassen. Die Speisestärke in 2 EL Milch anrühren und hinzugeben. Unterrühren und kurz aufkochen lassen. Diesen Guß über die Früchte geben, so daß er die Zwischenräume ausfüllt. Backen. Werden die Früchte zu schnell braun, die Oberfläche mit Alufolie abdecken.

Backzeit: 30 Minuten
Backhitze: 200° C

26. Lübecker Apfel-Marzipan-Kuchen

Teig:
300 g Mehl, 100 g Zucker, 1 Ei, 200 g Butter oder Margarine

Füllung:
50 g Korinthen, 750 g Äpfel, 50 g gehackte Mandeln

Guß:
1/4 l Milch, 100 g Zucker, 1/2 Päckchen Puddingpulver Vanillegeschmack, 100 g Marzipanrohmasse, 3 Eier

Backgerät:
Springform, 1 TL Margarine zum Einfetten

Alle Zutaten zu einem Mürbeteig verkneten (siehe Grundrezept). Eine gefettete Springform mit dem ausgerollten Teig belegen, Rand andrücken. Mit einer Gabel in den Teigboden stechen. Kalt stellen.
Für die Füllung die Korinthen waschen und abtrocknen. Die Äpfel schälen, vierteln, entkernen und in Scheiben schneiden. Die Apfelspalten kreisförmig auf den Teig legen. Mandeln und Korinthen mischen und darüber streuen.
Für den Guß aus Milch, Zucker und Puddingpulver einen Vanillepudding bereiten. Abkühlen lassen. Das Marzipan zerbröckeln und in dem lauwarmen Pudding zergehen lassen. Die Eier trennen. Die Eigelb unter den Marzipan-Pudding rühren. Die Eiweiß steif schlagen und erst unter den völlig abgekühlten Pudding heben. Über die Äpfel gießen. Auf der untersten Schiene backen.

Backzeit: 45 Minuten
Backhitze: 220° C

27. Mainzer Apfelkuchen Karamel

Teig:
200 g Magerquark, 200 g Butter, 1 Eigelb, 200 g Mehl, 1/2 TL Backpulver, 1 Prise Salz

Belag:
30 g Butter, 200 g Zucker, 1 Prise Zimt, 750 g mürbe Äpfel

Backgerät:
Stielpfanne

Einen festen Teig kneten und eine Teigplatte (etwa 7 mm stark) mit dem Durchmesser der Stielpfanne vorbereiten. Die Äpfel schälen, Kernhaus entfernen und in schmale Schnitze schneiden.

Die Butter in der Stielpfanne auf der Herdplatte bei leiser Flamme schmelzen.
Den Zucker gleichmäßig auf dem Pfannenboden verteilen. Zimt darüberstreuen, ständig rühren. Wenn der Zucker zu schmelzen und braun zu werden beginnt (karamelisiert), mit den Äpfeln belegen. Etwa 5 Minuten dünsten.
Mit der Teigplatte die Äpfel zudecken. Was übersteht, mit einem scharfen Messer abschneiden. Den Teigdeckel mit einer Gabel ein paar Mal einstechen und leicht an die Äpfel andrücken.
Auf der oberen Schiene im vorgeheizten Backofen backen.
Pfanne aus dem Ofen nehmen. 2 Minuten ruhen lassen. Dann den Kuchen auf eine runde Platte stürzen. Jetzt sind die Äpfel wieder obenauf.
Den Kuchen auf vorgewärmten Tellern servieren.

Backzeit: 25–30 Minuten
Backhitze: 200° C

28. Magdeburger Apfel-Biskuitrolle

Teig:
6 Eier, 200 g Zucker, 100 g Mehl, 100 g Speisestärke, 1 TL Vanillezucker, 1/2 TL Backpulver

Füllung:
500 g Äpfel, Saft einer Zitrone, 1/8 l Weißwein, 250 g Zucker, 1/2 TL Zimt, 4 cl Calvados, 50 g Mandelsplitter, 50 g gehackte Pistazien

zum Verfeinern:
75 g Puderzucker

Backgerät:
Backblech, Backpapier, Geschirrtuch, Sieb

Zuerst die Apfelfüllung zubereiten: Dafür die Äpfel schälen, vierteln, entkernen und in feine Würfel schneiden. Mit Zitronensaft beträufeln. Die Apfelwürfel im Weißwein mit Zucker und Zimt bei geringer Hitze kurz dünsten. Calvados, Mandeln und Pistazien dazugeben, abtropfen und abkühlen lassen.
Für den Biskuitteig die Eier trennen. Die Eigelb mit 125 g Zucker schaumig schlagen. Die Eiweiß mit dem restlichen Zucker steif schlagen, vorsichtig unter die Eigelbcreme heben. Mehl, Speisestärke, Vanillezucker und Backpulver mischen, auf die zarte Masse sieben und behutsam unterheben. Nicht rühren!
Backofen auf 200° C vorheizen.
Backblech mit Backpapier auslegen, an der vorderen, offenen Blechseite einen hohen Rand falten. Teig aufs Backpapier streichen. Auf der mittleren Schiene etwa 15 Minuten backen. Den Biskuitboden sofort auf ein mit Zucker bestreutes Tuch stürzen. Das Backpapier abziehen. Die gut abgetropfte Apfelfüllung auf den Biskuitboden streichen und vorsichtig von der Breitseite aufrollen. Erkalten lassen, am besten in den Kühlschrank legen. Kurz vor dem Servieren die Apfelrolle dick mit Puderzucker bestreuen.

Backzeit: 15 Minuten
Backhitze: 200° C

29. Mansfelder Apfel-Pudding-Kuchen

Teig:
375 g Butter oder Margarine, 225 g Zucker, 50 g gemahlene Haselnüsse, 2 Eier, 1 Päckchen Vanillezucker, 1 TL Orangenlikör, 1/2 Päckchen Backpulver, 1 Prise Salz, 500 g Mehl

Füllung:
1 Vanillepudding (aus 1 Päckchen Puddingpulver Vanillegeschmack, 20 g Zucker, 1/2 l Milch), 1 Eigelb, 150 Sahnequark

Belag:
500 g Äpfel

Streusel:
350 g Mehl, 250 g Zucker, 2 Päckchen Vanillezucker, 200 g kalte Margarine

Backgerät:
Backblech, 1 EL Margarine zum Einfetten

Zuerst die Füllung bereiten. Dafür einen Vanillepudding nach Vorschrift kochen. Eigelb und Sahnequark unter den noch warmen Pudding rühren und dann unter weiterem Rühren erkalten lassen. Es soll sich keine Haut bilden.

Aus den Zutaten einen straffen Rührteig bereiten (siehe Grundrezept) und auf ein gefettetes Backblech streichen. Den kalten Quark-Pudding vorsichtig darüber geben. Äpfel schälen, vierteln, entkernen und in dünne Scheiben schneiden. Die Apfelscheiben fächerförmig auf den Pudding legen. Für die Streusel Mehl, Zucker, Vanillezucker und kalte Margarineflöckchen zu Streuseln kneten. Über die Apfelscheiben krümeln und backen.

Backzeit: 40 Minuten
Backhitze: 200–225° C

30. Mecklenburger Buttermilch-Apfel-Torte

Teig:
175 g Mehl, 20 g Hefe, 1/2 Tasse lauwarme Milch, 1 TL Zucker, 1 Pr. Salz, 40 g Butter oder Margarine

Füllung:
6 große Äpfel

Guß:
1/2 l Buttermilch, 50 g Zucker, 1 EL Zitronensaft, 1 EL Rum, 8 Blatt weiße Gelatine

Backgerät:
Springform, 1 TL Margarine zum Einfetten

Aus den Zutaten einen Hefeteig nach Grundrezept herstellen. Eine gefettete Springform mit dem Teig auslegen, einen 3 cm hohen Rand andrücken, nochmals gehen lassen.
Äpfel schälen, vierteln, das Kernhaus entfernen und auf den Kuchenteig legen. Im vorgeheizten Backofen 30 Minuten backen. Erkalten lassen. Aus der Form nehmen und auf eine Tortenplatte setzen, den Rand der Springform aber wieder um den Kuchen schließen.
Für den Guß die Gelatine in wenig Wasser einweichen, ausdrücken und erwärmen. Buttermilch, Zucker, Zitronensaft und Rum gut verrühren und die Gelatine zugeben. Erst kurz vor dem Gelieren über die Apfeltorte geben und bis zum Verzehr kalt stellen.

Backzeit: 30 Minuten
Backhitze: 200° C

31. Müncheberger glasierter Apfelkuchen

Teig:
125 g Butter oder Margarine, 125 g Zucker, 2 Eier, 1/2 Päckchen Backpulver, 1 EL Rum, 1 EL Zitronensaft, 1 EL Milch, 1 Prise Salz, 200 g Mehl

Belag:
750 g Äpfel

Glasur:
Zuckerlösung aus 100 g Zucker

Backgerät:
Springform, 1 TL Margarine zum Einfetten

Aus den Zutaten einen Rührteig herstellen und in eine gefettete Backform füllen.
Die Äpfel schälen, vierteln, entkernen und in dünne Scheiben schneiden. Den Zucker in einem Topf bei gelinder Hitze zergehen lassen, bis er fast durchsichtig ist. Die Apfelscheiben mit einer Gabel durch diese Lösung ziehen und sofort auf den Teig legen. Backen.

Backzeit: 25 Minuten
Backhitze: 200° C

32. Potsdamer Apfel-Sahne-Torte

Teig:
3 Eier, 150 g Zucker, 80 g Mehl,
80 g Speisestärke, 1 Päckchen Vanillezucker,
3 EL heißes Wasser, 1 TL Backpulver

Füllung:
1 kg Äpfel, 2 EL Wasser, 3 Eigelb,
3 EL Milch, 1 EL Calvados, 2 EL Zucker,
Saft von 1/2 Zitrone, 1/4 l Schlagsahne

zum Garnieren:
2 Äpfel extra, 1 TL Zitronensaft,
2 EL Zucker, 100 g Mandelblättchen

Backgerät:
Springform, Backpapier

Aus den Zutaten nach Vorschrift einen Biskuitteig bereiten (siehe Grundrezept). Backofen auf 200° C vorheizen. Den Teig in eine mit Backpapier ausgelegte Springform füllen und auf der unteren Schiene etwa 35 Minuten backen. Abkühlen lassen, aus der Form stürzen, Backpapier abziehen und über Nacht auskühlen lassen. Am nächsten Tag einmal waagrecht durchschneiden.
Äpfel schälen, vierteln, entkernen und in dicke Scheiben schneiden. Mit wenig Wasser weich dünsten. Abkühlen und abtropfen lassen.
Eigelb, Milch, Calvados, Zucker und Zitronensaft unter Rühren so lange erhitzen, bis eine dickliche Creme entstanden ist. Abkühlen lassen. Unter die völlig kalte Creme die steif geschlagene Sahne heben. Mit einem Viertel dieser Sahne-Creme den unteren Tortenboden dünn bestreichen. Die abgetropften, gedünsteten Äpfel darauf verteilen. Das zweite Cremeviertel darübergeben und den oberen Tortenboden auflegen. Mit dem reichlichen Rest der Creme Tortenoberfläche und -rand bestreichen. Den Rand mit Mandelblättchen verzieren.
2 Äpfel extra schälen, vierteln, entkernen und nur ganz kurz mit Zitronensaft und Zucker dünsten. Gut abgetropft als Garnitur verwenden. Die Torte vor dem Servieren gut kühlen.

Backzeit: 35 Minuten
Backhitze: 200° C

33. Remstaler Stachelbeer-Apfel-Kuchen

<u>Teig:</u>
300 g Mehl, 200 g Butter oder Margarine, 150 g Zucker, 75 g gemahlene Mandeln, 1 Ei, 1 Prise Salz, 1 TL Backpulver

<u>Belag:</u>
1,25 kg Äpfel, 1 kg reife, weiche Stachelbeeren (ersatzweise eingekochte Stachelbeeren, sehr gut abgetropft), 60 g Zucker, 1 TL Zimt

<u>Guß:</u>
2 Eier, 2 EL Remstaler Weißwein, 2 EL Zucker, 1 Päckchen Vanillezucker, 25 g Mehl, 25 g Speisestärke, 15 g Kakaopulver, 1 Pr. Backpulver

<u>Backgerät:</u>
Backblech, 1 EL Margarine zum Einfetten

Aus den Zutaten schnell einen Mürbeteig kneten. 30 Minuten kalt stellen. Ausrollen und ein gefettetes Backblech damit belegen.
Die Äpfel schälen, vierteln, entkernen und in Scheiben schneiden. Die frischen Stachelbeeren entstielen. Abwechselnd eine Reihe Apfelstücke und eine Reihe Stachelbeeren auf den Kuchenteig legen. Mit Zukker und Zimt bestreuen.
Den Backofen auf 200° C vorheizen.
Eier und Weißwein unter leichtem Erwärmen zu einer dicklichen Masse schlagen. Zucker und Vanillezucker zugeben und so lange bei geringer Hitze rühren, bis sich der Zucker gelöst hat. Nicht kochen! Mehl, Speisestärke, Kakao und Backpulver mischen, auf die Weißwein-Eicreme sieben und vorsichtig unterheben. Diesen Guß auf dem Obst verteilen. Backen.

Backzeit: 40–50 Minuten
Backhitze: 225° C

34. Rheinische Appeltaat

Teig:
300 g Mehl, 200 g Butter oder Margarine, 180 g Zucker, 1 Päckchen Vanillezucker, 1 Ei, 1 Prise Salz, 1 TL Backpulver

Belag:
750 g Äpfel, 150 g Korinthen, 3 EL Zucker, 1 TL Zimt

Backgerät:
Springform, 1 TL Margarine zum Einfetten

Alle Zutaten schnell zu einem Mürbeteig verkneten (siehe Grundrezept). Die gefettete Kuchenform mit dem ausgerollten Teig belegen, 2 cm Rand andrücken. Im Kühlschrank ruhen lassen.
Äpfel schälen, vierteln, entkernen und in feine Scheiben schneiden. Den Teig damit kreisförmig belegen. Die Korinthen waschen, trocken tupfen und auf die Äpfel streuen. Zucker und Zimt mischen und ebenfalls über die Apfelscheiben streuen. Auf der mittleren Schiene im vorgeheizten Herd backen.

Backzeit: 35 Minuten
Backhitze: 220° C

35. Rheinische Apfeltorte

Teig:
200 g Weizenmehl, 1/8 l Milch, 30 g Hefe oder 1 Päckchen Trockenhefe, 150 g Zucker, 1 Prise Salz, 40 g zerlassene Butter

Füllung:
700 g dickes Apfelmus (1 großes Glas)

zum Verfeinern:
1 Eigelb, 1 EL Milch, Hagelzucker

Backgerät:
Springform, 1 TL Margarine zum Einfetten

Einen Hefeteig nach Vorschrift bereiten (siehe Grundrezept) und gehen lassen. 2/3 des fertigen Teigs ausrollen und den Boden einer gefetteten Springform damit belegen. Einen 2 cm hohen Rand andrücken. Das Apfelmus auf den Teig streichen. Den restlichen Teig etwa in Größe der Springform ausrollen, Streifen ausradeln und diese gitterförmig über das Apfelmus legen. Die Teigstreifen mit verquirlter Eigelbmilch bestreichen und mit Hagelzucker bestreuen. Nochmals 20 Minuten gehen lassen. Backen. (Foto siehe Seite 3)

Backzeit: 15–20 Minuten
Backhitze: 200° C

36. Rheinischer schneller Apfelbiskuit

Teig:
3/8 l Milch, 3 Eigelb, 500 g Löffelbiskuits, 100 g Mandelblättchen, 100 g Rosinen

Füllung:
500 g Äpfel, 50 g Butter

Guß:
3 Eiweiß, 40 g Puderzucker

Backgerät:
Auflaufform, 1 TL Margarine zum Einfetten

Milch und Eigelb verquirlen und über die Löffelbiskuits gießen. Weichen lassen. Mandelblättchen in einer trockenen Pfanne goldgelb rösten, etwas abkühlen lassen und unter die Biskuitmasse rühren. Rosinen waschen, abtrocknen und ebenfalls hinzufügen. Falls die Masse zu flüssig ist, soviel Milch abgießen, bis eine feste Masse übrig bleibt.
Die Äpfel schälen, vierteln, entkernen und in sehr dünne Scheibchen schneiden.
In die gefettete Auflaufform abwechselnd Biskuitteig und Äpfel schichten. Unterste und oberste Schicht sollte Biskuit sein. Mit Butterflöckchen belegen.
Bei 200° etwa 40 Minuten backen.
Für die Baiserhaube die Eiweiß mit dem gesiebten Puderzucker steif schlagen. Den halbfertig gebackenen Kuchen damit bestreichen und weitere 10 Minuten bei 250° C backen.

Backzeit: insgesamt 50 Minuten
Backhitze: zuerst 200°, dann 250° C

37. Rheinsberger Streusel-Apfel-Kuchen

Teig:
300 g Mehl, 175 g Butter oder Margarine, 150 g Zucker, 1 Ei, 1 Prise Salz, 1/2 TL Backpulver

Füllung:
1 kg Äpfel, 100 g gemahlene Mandeln, 2 EL Zucker, 1 TL Zimt, 1 EL Zitronensaft, 1 EL Apfelkorn

Streusel:
50 g Butter oder Margarine, 75 g Zucker, 1 Päckchen Vanillezucker, 100 g Mehl

Backgerät:
Springform, 1 TL Margarine zum Einfetten

Aus allen Zutaten schnell einen Mürbeteig kneten, eine Springform damit auslegen. Dabei einen kleinen Rand andrücken. Kühl stellen. Die Äpfel schälen, vierteln, entkernen und in dicke Scheiben schneiden. Kreisförmig auf den Teig legen. Mandeln, Zucker und Zimt vermischen, auf die Apfelscheiben streuen. Zitronensaft und Apfelkorn (oder einen anderen Apfelschnaps) verrühren und den Belag damit beträufeln.

Aus den Zutaten Streusel kneten und über den Belag krümeln. Backen.

Backzeit: 35–40 Minuten
Backhitze: 200° C

38. Saarländer Apfelkuchen

Teig:
1 Packung Tiefkühl-Blätterteig

Belag:
500 g Äpfel, 2 EL Zucker, 1/2 TL Vanillezucker, 50 g gehackte Mandeln

zum Verfeinern:
150 g Aprikosenkonfitüre, 150 g Apfelgelee, 2 EL Aprikosenlikör

Backgerät:
Springform, 1 TL Margarine zum Einfetten

Blätterteig nach Vorschrift auftauen. Aus beiden Teigplatten *einen* Tortenboden in Größe der Springform ausrollen. Die Form mit kaltem Wasser ausspülen, mit dem Teig belegen. Einen Rand andrücken.
Die Äpfel schälen, vierteln, entkernen und in dünne Scheiben schneiden. Kranzförmig auf den Blätterteigboden legen.

Zucker, Vanillezucker und Mandeln mischen, über die Äpfel streuen. Backen. Nach dem Backen noch warm mit der ebenfalls erhitzten Aprikosenkonfitüre bestreichen. Apfelgelee und Aprikosenlikör erwärmen und verrühren. Als Soße zum Kuchen reichen.

Backzeit: 15 Minuten
Backhitze: 180° C

39. Schoko-Walnuß-Apfel-Kuchen vom Bodensee

Teig:
3 Eier, 200 g Zucker, 125 g Mehl, 125 g gemahlene Walnüsse, 50 g Schokoraspeln, 1 TL Backpulver

Belag:
500 g Äpfel, 30 Walnußhälften, 2 EL Apfelgelee

Backgerät:
Springform, Backpapier

Aus den Zutaten einen Biskuitteig nach Vorschrift herstellen (siehe Grundrezept). In die mit Backpapier ausgelegte Form füllen, glattstreichen und auf der mittleren Schiene bei 175° C etwa 20 Minuten backen.
Die Äpfel schälen, vierteln, entkernen und in dünne Scheiben schneiden. Auf den halbfertig gebackenen Teig legen und weitere 20 Minuten backen.
Das Apfelgelee erhitzen und den noch warmen Kuchen ringsum damit bestreichen. Mit den Walnußhälften garnieren.

Backzeit: insgesamt 40 Minuten
Backhitze: 175° C

40. Sächsischer Apfel-Mohn-Kuchen

Teig:
500 g Mehl, 1/4 l Milch, 30 g Hefe oder 1 Päckchen Trockenhefe, 75 g weiche Butter oder Margarine, 50 g Quark, 100 g Honig, 1 Ei, 1 Eigelb, 1 Prise Zimt

Füllung:
80 g Margarine, 200 g Honig, 1/4 l Schlagsahne, 250 g Mohn, 5 EL Korinthen, 4 EL Rum, 1 Pr. Zimt, 600 g Äpfel, 1 Ei

Backgerät:
Backblech, 1 TL Margarine zum Einfetten

Aus Mehl, Milch und Hefe ein Hefestück bereiten und gehen lassen. Margarine und Quark verrühren, Honig, Ei und Eigelb sowie den Zimt zufügen und diese Masse mit dem Hefestück zu einem glatten Teig verarbeiten. 60 Minuten gehen lassen. Ein Backblech gut einfetten und mit dem ausgerollten Teig belegen.
Für die Füllung die Margarine zerlassen, Honig und Sahne zufügen, verrühren, aufkochen lassen und vom Herd nehmen. Mohn zugeben und an einem warmen Platz ausquellen lassen. Die Korinthen waschen, trocken tupfen und in Rum einweichen. Mit dem Zimt zum Mohn geben. Gut verrühren.
Die Äpfel waschen, schälen und fein raspeln. Die dabei entstehende Flüssigkeit abgießen. Die geriebenen Äpfel zur Mohnmasse geben. Das Ei unterrühren. Diese Mohn-Apfel-Masse auf den Teig streichen. Nochmals 20 Minuten gehen lassen. Backen.

Backzeit: 40 Minuten
Backhitze: 200° C

41. Schwäbischer Apfelkuchen

Teig:
300 g Mehl, 200 g Butter oder Margarine, 100 g Zucker, 1 Eigelb, 1 Päckchen Vanillezucker, 1 TL abgeriebene Schale von einer ungespritzten Zitrone, 1 Prise Salz

Belag:
100 g Löffelbiskuits, 1,25 kg Äpfel, 100 g Butter, 40 g Sultaninen

Guß:
2 Eier, 2 Eigelb, 400 ml Schlagsahne, 40 g Zucker, 30 g Speisestärke, abgeriebene Schale von ½ ungespritzten Zitrone

Backgerät:
Springform, 1 TL Margarine zum Einfetten

Aus den Zutaten schnell einen Mürbeteig bereiten (siehe Grundrezept), ausrollen und eine Springform damit auslegen. Einen hohen Rand andrücken. Auf den Teigboden dicht an dicht Löffelbiskuits legen. Die Äpfel schälen, halbieren, entkernen und an der Rundung einkerben. Mit der Rundung nach oben auf die Löffelbiskuits setzen. Die Apfelhälften mit der zerlassenen Butter reichlich bepinseln. Die Sultaninen darüber streuen.
Für den Guß Eier, Eigelb, flüssige Sahne, Zucker, Speisestärke und Zitronenschale gut verquirlen. Die Eier-Sahne mit einer Schöpfkelle behutsam über die Äpfel geben. In den vorgeheizten Backofen schieben und 50 Minuten backen lassen. Nach dem Backen den Kuchen auskühlen lassen. Erst wenn er völlig erkaltet ist, aus der Form nehmen.

Backzeit: 50 Minuten
Backhitze: 180° C

42. Schwäbischer Apfelkuchen mit Häubchen

Teig:
150 g Butter oder Margarine,
150 g Zucker, 3 Eier, 150 g Mehl,
1 TL Backpulver

Belag:
750 g Äpfel

Guß:
3 Eier, 50 g Zucker

Backgerät:
Springform, 1 TL Margarine zum Einfetten

Aus den Zutaten einen Rührteig herstellen (siehe Grundrezept) und in eine gut gefettete Springform füllen.
Die Äpfel schälen, vierteln, entkernen und in feine Scheiben schneiden. Kranzförmig auf den Teig legen und bei 180° C etwa 30 Minuten backen.
Für den Guß die Eier trennen. Zucker und Eigelb schaumig rühren. Das Eiweiß steif schlagen und vorsichtig unter die Eigelbcreme heben. Den Kuchen kurz aus dem Backofen holen und die Eiermasse über den Äpfeln verteilen. Nochmals 20 Minuten backen.

Backzeit: insgesamt 50 Minuten
Backhitze: 180°–200° C

43. Schwäbischer gedeckter Apfelkuchen

Teig:
500 g Mehl, 250 g Butter oder Margarine, 125 g Zucker, 1 Ei, 1/2 Backpulver, 3 EL Milch

Belag:
500 g Äpfel, 60 g Zucker

zum Verfeinern:
1 Tasse gezuckerte Dosenmilch

Backgerät:
Springform, 1 TL Margarine zum Einfetten

Aus den Zutaten rasch einen Mürbeteig kneten. 2/3 des Teigs ausrollen und eine gefettete Springform damit auslegen. 3 cm Rand andrücken. Kühl stellen.
Die Äpfel schälen, vierteln, entkernen und in Scheiben schneiden. Kranzförmig auf den Teig legen und mit dem Zucker bestreuen.
Den restlichen Teig zu einer runden Platte in Springformgröße ausrollen. Vier kleine Luftschlitze hineinschneiden und den Teigdeckel auf die Äpfel legen. Mit der Dosenmilch bepinseln. Backen.

Backzeit: 50–60 Minuten
Backhitze: 175°–180° C

44. Schwarzer Johannisbeer-Apfel-Auflauf aus Werder

<u>Teig:</u>
100 g Mehl, 1/2 TL Salz, 65 g Margarine, 25 g Schmalz, 2 EL Eiswasser, etwas Mehl zum Ausrollen

<u>Belag:</u>
700 g Äpfel, 4 EL schwarze Johannisbeermarmelade, Saft 1 Zitrone, 100 g Zucker, 1 Päckchen Vanillezucker

<u>zum Verfeinern:</u>
50 g Puderzucker oder Hagelzucker

<u>Backgerät:</u>
flache Auflaufform, 1 TL Margarine zum Einfetten

Mehl und Salz mischen, Margarine und Schmalz dazugeben und mit den Händen verkneten. Eiswasser (es muß wirklich eine dünne Eisschicht auf dem Wasser sein!) dazugeben. Schnell zu einem glatten Teig verkneten und 60 Minuten kühl stellen.
Äpfel schälen, vierteln, entkernen und in dünne Scheiben schneiden. Zitronensaft, Zucker und Marmelade vermischen, auf die Äpfel geben und alles in die gefettete Form füllen.
Den Teig zu einer runden Platte ausrollen, Luftschlitze einschneiden und auf die Apfelmischung legen. Am Rand fest andrükken. Backen. Nach dem Backen mit Puderzucker bestäuben oder mit Hagelzucker bestreuen. Warm mit Vanillesoße servieren.

Backzeit: 50–60 Minuten
Backhitze: 200° C

45. Schwarzwälder Heidelbeer-Apfel-Kuchen mit Streuseln

Teig:
200 g Mehl, 100 g Butter oder Margarine, 100 g Zucker, 1 Ei, 1 Prise Salz, 1/2 TL Backpulver

Belag:
350 g frische Heidelbeeren, 150 g Äpfel, 1/4 l Weißwein, 3 Eier, 100 g Zucker, 125 g gehackte Mandeln

Streusel:
100 g Margarine, 100 g Mehl, 100 g Zucker, 1/2 TL Zimt

zum Verfeinern:
50 g Puderzucker

Backgerät:
Springform, 1 TL Margarine zum Einfetten, Semmelbrösel

Aus den Zutaten rasch einen geschmeidigen Mürbeteig kneten, ausrollen. Eine gefettete, mit Semmelbrösel bestreute Springform mit dem Teig belegen. Einen hohen Rand andrücken. Kühl stellen. Für den Belag die Heidelbeeren waschen, trokken tupfen, entstielen.
Die Äpfel schälen, vierteln, entkernen und in Scheiben schneiden. Die Apfelscheiben im Weißwein kurz dünsten. Sie sollen nicht zerfallen. Abtropfen lassen.
Die Eier trennen. Die Eigelb mit dem Zucker schaumig rühren. Die gehackten Mandeln zu dieser Creme geben. Heidelbeeren und Apfelstücke vorsichtig unterrühren. Zuletzt die Eiweiß steif schlagen und unter die Früchte heben.
Den Teigboden mehrmals mit der Gabel einstechen, die Früchtecreme auf den Teig geben, glatt streichen.
Aus den Zutaten Streusel kneten, über die Früchtecreme krümeln. Backen. In der Form abkühlen lassen. Vor dem Servieren mit Puderzucker bestäuben.

Backzeit: 30–40 Minuten
Backhitze: 200° C

46. Tante Carolas Proßmarker Sonntagskuchen

Teig:
150 g Mehl, 1/2 Backpulver, 75 g Zucker, 1 Prise Salz, 75 g Quark, 3 EL Öl

Belag:
750 g Äpfel, 1 EL grober Zucker

Backgerät:
flache Auflaufform, 1 TL Margarine zum Einfetten

Mehl mit Backpulver, Zucker und Salz mischen. Quark mit Öl verrühren und unter die Mehlmischung kneten. Teig auf dem Boden der gefetteten Auflaufform glatt drücken. Einen kleinen Rand hochziehen.
Äpfel schälen, vierteln, entkernen und in Scheiben schneiden. Kranzförmig auf den Teig legen. Leicht andrücken. 10 Minuten backen. Einen Eßlöffel Zucker über den Äpfeln verteilen und weitere 15 Minuten backen. Der Rand soll knusprig, aber nicht zu dunkel sein und etwas von der Form abstehen. Dieser Kuchen schmeckt warm und kalt.

Backzeit: 25 Minuten
Backhitze: 200° C

47. Thüringer Quark-Apfel-Kuchen

Teig:
200 g abgetropften Quark, 150 g Honig, 4 EL Sonnenblumenöl, 2 Eigelb, 1 Päckchen Vanillezucker, 400 g Mehl, 2 TL Backpulver

Belag:
1,5 kg Äpfel

Guß:
4 Eier, 125 g Honig, 1/4 l Schlagsahne, 2 EL Orangenlikör

Backgerät:
Backblech, 1 EL Margarine zum Einfetten, Kuchenbrett

Den Quark mit Honig, Öl, Eigelb und Vanillezucker gut verrühren. Mehl und Backpulver vermischen und unter die Quarkcreme kneten. Den Teig 60 Minuten im Kühlschrank ruhen lassen. Dann ausrollen, ein gut gefettetes Backblech damit belegen und einen kleinen Rand andrücken.
Die Äpfel schälen, vierteln, entkernen, in dicke Scheiben schneiden und den Boden damit gleichmäßig belegen.
Bei 200° C 25 Minuten backen.
Inzwischen den Guß zubereiten. Die Eier trennen. Eigelb und Honig schaumig rühren, Sahne und Likör zufügen. Zuletzt die steif geschlagenen Eiweiß unterheben. Nicht rühren! Diesen Guß auf dem halbfertig gebackenen Kuchen verteilen und noch etwa 20 Minuten backen. Die Oberfläche soll goldgelb aussehen.
Etwas abkühlen lassen, in Streifen schneiden und auf einem Kuchenbrett vollständig erkalten lassen.

Backzeit: insgesamt 45 Minuten
Backhitze: 200° C

48. Ulmer Rahm-Apfel-Kuchen

1. Teig:
150 g Tiefkühl-Blätterteig

2. Teig:
300 g Mehl, 200 g Butter,
100 g Puderzucker, 1 Ei, 1 Prise Salz,
1/2 TL Backpulver

Füllung:
750 g Äpfel

Guß:
1/2 l Schlagsahne, 50 g Zucker, 2 Eier,
1 Puddingpulver Vanillegeschmack,
1 Päckchen Vanillezucker, 1/2 TL Zimt,
1 Pr. Salz, 30 g gehackte Mandeln

Backgerät:
Springform, 1 TL Margarine zum Einfetten

Den Blätterteig nach Vorschrift auftauen und ausrollen.
Für den zweiten Teig alle Zutaten schnell miteinander verkneten, den Boden einer gefetteten Springform damit auslegen.
Vom Blätterteig Streifen schneiden, so breit, wie der Rand der Springform hoch ist. Den Rand der Springform mit dem Blätterteig auslegen und ihn am Boden fest an den anderen Teig drücken.
Die Äpfel schälen, vierteln, entkernen und in dicke Scheiben schneiden. Den Teigboden mit den Äpfeln belegen.
Für den Guß Sahne, Zucker, Eier, Puddingpulver, Vanillezucker, Zimt und Salz sehr gut verrühren. In einem Topf langsam erhitzen, bis die Masse bindet. Nicht kochen lassen. Die Creme auf die Äpfel geben. Mit den gehackten Mandeln bestreuen. Backen. Noch warm servieren.

Backzeit: 30–35 Minuten
Backhitze: 200 °C

49. Vogtländische Apfelwähe

Teig:
1/2 TL Salz, 2 EL Wasser, 250 g Mehl, 90 g Butter

Belag:
500 g Äpfel, 60 g Zucker, 75 g Semmelbrösel, 25 g gehackte Haselnüsse

Guß:
1/8 l Schlagsahne, 2 Eigelb, 1 Ei, 1 EL Speisestärke

Glasur:
3 EL Zitronengelee, 1 EL Rum

Backgerät:
runde Auflaufform, 1 EL Margarine zum Einfetten

Salz in Wasser auflösen und mit den anderen Zutaten schnell zu einem glatten Teig verkneten. Kühl stellen.
Die Äpfel schälen, vierteln, entkernen und in hauchdünne Scheiben schneiden. Mit dem Zucker vermischen und kalt stellen.
Den Backofen vorheizen.
Den Teig nochmals durchkneten, ausrollen und die gefettete Kuchenform damit auslegen. Einen hohen Rand andrücken. Den Teig mehrmals mit der Gabel einstechen. Auf der mittleren Schiene 20 Minuten backen. Kurz abkühlen lassen.
Semmelbrösel mit Nüssen mischen, auf dem Teigboden verteilen. Apfelscheiben darauf legen und nochmals 20 Minuten backen.
Sahne, Eigelb und Speisestärke verquirlen, über die Äpfel gießen. Weitere 15 Minuten backen.
Das Zitronengelee mit dem Rum glatt rühren und über die noch warme Apfelwähe streichen. In der Form erkalten lassen.

Backzeit: insgesamt 55 Minuten
Backhitze: 180° C

50. Vierländer Apfel-Dattel-Kuchen

Teig:
100 g Nackthafer, 100 g Butter, 3 Eier, 75 g Honig, 1 TL Orangenlikör, 5 EL Zitronensaft, 1 TL Zimt, 100 g Datteln (entkernt und fein gehackt), 50 g gemahlenen Mais, 2 TL Backpulver, 150 g gemahlenen Weizen

Belag:
75 g gehackte Walnüsse, 600 g Äpfel, 2 Eiweiß, 1 TL Zucker

Backgerät:
Springform, 1 TL Margarine zum Einfetten, Getreidemühle

Den Hafer in einer trockenen Pfanne anrösten, kalt stellen und mittelfein schroten. Die Butter zergehen und wieder abkühlen lassen.
Eier und Honig verrühren. Likör, Zitronensaft, Zimt und Datteln mischen und hinzugeben. Rühren. Haferschrot, Maismehl, Backpulver und Weizenmehl mischen und mit der noch flüssigen Butter verarbeiten. Gut rühren.
Auf den Boden einer gefetteten Springform die Hälfte der gehackten Walnüsse streuen. Den Teig einfüllen, glatt streichen. 4 EL Teig zurückbehalten.
Die Äpfel schälen, halbieren, entkernen. Die Rundung einkerben. Mit der Rundung nach oben kranzförmig in den Teig setzen. 20 Minuten backen.
Die Eiweiß mit dem Zucker steif schlagen und vorsichtig unter den zurückbehaltenen Teig heben. Den Kuchen kurz aus dem Ofen nehmen. Kleine Teighäufchen auf die Apfelrundungen setzen. Die restlichen Nüsse darüber streuen und weitere 35 Minuten backen. In der Form auskühlen lassen.

Backzeit: insgesamt 55 Minuten
Backhitze: 200° C

51. Weimarer Apfelbiskuit

Teig:
3 Eigelb, 3 EL Wasser, 120 g Zucker, 3 Eiweiß, 200 g Mehl, 120 g Speisestärke, 1 1/2 TL Backpulver, abgeriebene Schale von einer ungespritzten Zitrone

Belag:
6 mittelgroße Äpfel, 2 EL Zitronensaft, 1/8 l Wasser

zum Verfeinern:
50 g Puderzucker

Backgerät:
Springform, 1 TL Margarine zum Einfetten, Apfelausstecher

Zuerst die Füllung zubereiten: Äpfel schälen, Kernhaus ausstechen. Die so vorbereiteten Äpfel in Wasser, dem Zitronensaft zugesetzt wurde, aufkochen lassen. 10 Minuten köcheln lassen. Abtropfen und abkühlen lassen.
Aus den Zutaten einen Biskuitteig bereiten (siehe Grundrezept). Zuletzt die Zitronenschale unterrühren.
Eine nur am Boden gefettete Springform zuerst mit den Äpfeln auslegen. Dafür die Äpfel quer halbieren und jeweils mit der Schnittfläche nach unten in die Form legen. Die Biskuitmasse darübergeben. Glatt streichen. Im vorgeheizten Ofen auf der mittleren Schiene backen lassen. Ausgekühlt mit Puderzucker bestäuben. (siehe Einbandfoto)

Backzeit: 40 Minuten
Backhitze: 180° C

52. Westfälischer Pumpernickel-Apfel-Kuchen

Teig:
300 g Pumpernickel (oder sonstiges Vollkornbrot), geröstet und zerrieben, 1/8 l Rotwein, 1/8 l warmes Wasser, 4 EL Zucker, 1 TL Zimt, 4 EL gemahlene Mandeln, 2 EL Korinthen, 4 EL zerlassene Butter, 1 Ei

Füllung:
1 kg Äpfel, 2 EL Zucker, 1 TL Zimt

zum Verfeinern:
50 g Butter, 50 g Puderzucker, 1 TL Zimt

Backgerät:
feuerfeste Glasform, 2 TL Margarine zum Einfetten

Brotbrösel mit Rotwein, Wasser, Zucker, Zimt, Mandeln und Korinthen gut verrühren und ausquellen lassen. Die zerlassene Butter und das Ei zufügen und den Teig 30 Minuten ruhen lassen.
Inzwischen die Äpfel schälen, vierteln, entkernen und in dünne Scheiben schneiden. Mit Zucker und Zimt bestreuen.
In eine gut gefettete Form abwechselnd Teig und Apfelscheiben einfüllen; die oberste Schicht ist Teig. Butter zerlassen und den Kuchen damit einpinseln. Backen. Mit Puderzucker und Zimt bestreuen und noch warm servieren.

Backzeit: 40 Minuten
Backhitze: 175° C

Rezeptverzeichnis

Kuchen

Torten